Inhalt

Hedge Fonds (Mai 2004)

Kernthesen

Beitrag

Fallbeispiele

Weiterführende Literatur

Impressum

Hedge Fonds (Mai 2004)

G.Dengl

Kernthesen

- Hedge Fonds sind nach wie vor eine Anlagemöglichkeit, die auf Grund fehlender Regulierung ein hohes Rendite-Risiko-Profil aufweisen und sich deshalb hauptsächlich für erfahrene Anleger eignen.
- Bisher konnten deutsche Privatanleger lediglich in Hedge-Fonds-Zertfikate investieren; nach dem Investmentmodernisierungsgesetz ist nun seit Anfang 2004 auch der direkte Kauf von Hedge-Fonds-Anteilen möglich.
- Es bleibt abzuwarten, ob die Möglichkeit, direkt in Hedge Fonds zu investieren, von den Privatanlegern in zunehmenden Maße in Anspruch genommen wird, denn die Vorteile der auch bisher schon verfügbaren

Hedge-Fonds-Zertifikate wiegen schwer.

Beitrag

Hedge Fonds sind eine Kapitalanlagemöglichkeit, um die sich seit ihrem Bestehen immer wieder die widersprüchlichsten Gerüchte ranken. Einerseits wird von sagenhaften Renditemöglichkeiten geschwärmt, und andererseits vor halbseidenen Geschäftspraktiken und nicht kalkulierbaren Verlusten gewarnt.
Diese zu den "alternative Investments" zählende Anlageform gibt es in den USA seit Mitte der 1980er, in Deutschland werden Hedge-Fonds-Zertifikate erst sein Mitte der 1990er angeboten, vollständig zugelassen sind sie erst seit Anfang 2004.
Was Hedge Fonds so interessant macht, ist auch gleichzeitig das Gefährliche an ihnen: die Fonds unterliegen nahezu keinerlei Beschränkung in der Art, wie sie am Markt Geld verdienen dürfen. Sie decken somit das gesamte Anlagespektrum von Aktien über Anleihen bis hin zu Optionen, Termingeschäften sowie Kreditspekulationen ab; Investitionen also, die herkömmlichen Investmentfonds nicht erlaubt sind. Daraus ergibt sich ein sehr hohes Risiko-Profil, aber natürlich auch entsprechende Rendite-Aussichten. (10)
Da Hedge Fonds nicht mit dem Aktien- oder

Rentenmarkt korrelieren, eignen sie sich hervorragend zur Portfoliobeimischung. In Zeiten, in denen Aktien und Renten an Wert verlieren, kann es deshalb gut sein, dass gerade Hedge-Fonds stattliche Gewinne einfahren.

Hier zeigt sich der ursprüngliche Zweck der Hedge Fonds: Sie führen zu einer höheren Diversifizierung und Stabilität im Depot. Der englische Begriff "hedge" bedeutet soviel wie "Hecke, Schutz".

Je nach Risikoneigung des Investors gilt eine Depotbeimischung von zehn bis 30 Prozent als pragmatisch.

Für Hedge Fonds übliche Strategien

Die am weitesten verbreitete Strategie ist die "Long-short-equity" (sog. Leerverkäufe). Es werden große Aktienpakete ausgeliehen und auf einen Schlag verkauft. Der Aktienkurs fällt entsprechend stark und veranlasst eine große Zahl von kleineren Anlegern zu Panikverkäufen. Dadurch sinkt der Kurs weiter. Zu diesen Zeitpunkt kauft der Hedge Fonds Manager bereits wieder Aktien zu dem gesunkenen Kurs zurück. Er bekommt nun eine große Menge an Aktien besonders günstig. Wenn die Aktion abgeschlossen ist und die Kurse sich wieder auf einem normalen

Niveau eingependelt haben, werden die geliehenen Aktien wieder zurückgegeben.
Daneben gibt es noch weitere bekannte Strategien wie z.B. Arbitrage, Event Driven, Systematic Trend Follower, Global Macro, Emerging Markets, Distressed Securities. (10), (3), (7)

Bisher für deutsche Privatanleger die einzige Möglichkeit: Hedge-Fonds-Zertfikate

Bis Anfang des Jahres war es Privatanlegern in Deutschland nicht möglich direkt in Hedge Fonds oder deren Dachfonds zu investieren. Es gab lediglich die Möglichkeit, Hedge-Fonds-Zertifikate zu kaufen. Diese basieren auf einem Dachfonds aus vielen verschiedenen Hedge Fonds und streuen so das Risiko, mindern aber gleichzeitig auch die Rendite. Im Vergleich zum direkten Anteilskauf bieten Zertifikate verschiedenen Vorteile; neben der für den Gesetzgeber besonders wichtigen Risikominderung sind für den Anleger von Bedeutung (10):
- der schnelle Ein- und Ausstieg im Börsenhandel ist vergleichsweise einfach, denn im Parketthandel werden laufend An- und Verkaufskurse erstellt
- niedrige Mindestanlagesumme (bei einer direkten

Anlage in Hedge Fonds gelten oft Mindestanlagebeträge von einer Million US-Dollar und mehr)
- Gewinne sind nach Ablauf der zwölfmonatigen Spekulationsfrist steuerfrei

Privatanleger können erst seit Anfang des Jahres in Hedge Fonds investieren

Erst zum Anfang des Jahres 2004 hat das Investmentmodernisierungsgesetz die rechtliche Grundlage für den Vertrieb von Hedge Fonds in Deutschland geschaffen. Die Musterbedingungen wurden allerdings erst Ende März verabschiedet, die Premiere für eine tatsächliche Produkteinführung fand mit einem Fonds der Deutschen Bank ("DWS Hedge Invest Dynamic") im April statt.
Bisher war es Privatinvestoren lediglich möglich Hedge-Fonds-Zertifikate zu erwerben, nun dürfen sie auch direkt Hedge-Fonds-Anteile erwerben. Vorgesehen ist zunächst, dass lediglich die Dachfonds (Funds of Hedge Funds) aktiv beworben werden dürfen, erst auf konkrete Nachfrage des Anlegers beim Fonds-Initiator, dürfen auch Investments in Einzelfonds (Single Funds) verkauft

werden. (6)
Marktkenner nehmen an, dass der Absatz von Dachfonds dominieren wird, während Einzelfonds eine Nebenrolle spielen werden. Was den zu erwartenden Mittelzufluss betrifft liegen die Schätzungen weit auseinander zwischen 20 und 85 Milliarden Euro; weniger als die Hälfte dürfte von Privatanlegern kommen. (6)

Fallbeispiele

1) Erste Produkte von den Marktführern

Die Deutsche Bank legt über ihre Kapitalanlagegesellschaft DWS den ersten Dachfonds nach neuem Recht auf, den "DWS Hedge Invest Dynamic". Investiert wird in Produkte mit unterschiedlichen Hedge-Strategien. Geplant ist ein weiterer Dachfonds, sowie einige Single Fonds. Für dieses Jahr wird mit einem Absatz von ca. 1 Milliarde Euro gerechnet. (6), (9)
Die Dresdner Bank legt über ihre

Kapitalanlagegesellschaft "dit" derzeit zwei Dachfonds auf, der "dit Portfolio Optimizer" eignet sich für vorsichtigere Anleger, der "dit Portfolio Optimizer Plus" wendet sich an risikofreudigere Investoren. (4), (5)
Über die Performance dieser Produkte kann erst in ein paar Monaten etwas gesagt werden, für Anleger ist deshalb keine Eile geboten. (1)

2) Hedge-Zertifikate weiterhin innovativ und attraktiv

Zwei neue Hedge-Zertifikate von Deka und Commerzbank setzen auf Trends bei Rohstoffen, Aktien, Devisen und Agrarprodukten, obwohl dies keine klassische Hedge-Strategie darstellt. Gemanagt werden beide Fonds von erfahrenen Managern. Diese Kombination aus ungewöhnlicher Strategie und erfahrenem Management hat sich bisher gerade im seitwärts dümpelnden Markt bewährt. (2)

Weiterführende Literatur

(1) Doppelte Premiere Hedgefonds
aus Capital vom 04.03.2004, Seite 172

(2) Dachfonds mit einem Schuss Futures

HEDGEFONDS / Managed-Futures-Fonds eignen sich sehr gut zur Portfolioabsicherung. Diesen Vorteil nutzen zwei neue Hedgezertifikate.
aus Börse Online vom 25.03.2004, Seite 46

(3) Das Paket ist besser als seine einzelnen Teile HEDGEFONDS / Erstmals können Anleger mit einem Zertifikat der Deutschen Bank auf eine Variation des bekannten Hedgefondsindex HFRI setzen. Zusätzlich ist auch die Investition in acht Teilstrategien möglich.
aus Börse Online vom 18.03.2004, Seite 56

(4) Schnellschuss von Allianz-Dresdner HEDGEFONDS / Als erster deutscher Anbieter offeriert der dit Hedgefonds.
aus Börse Online vom 04.03.2004, Seite 56

(5) Etats und Kampagnen Dresdner Bank wirbt für Hedge-Fonds
aus Bank und Markt 03 vom 01.03.2004 Seite 012

(6) Frey, H. / Kölle, H. M., Deutsche Hedge funds stehen in den Startlöchern / Erste Angebote in vier bis sechs Wochen / Komplizierte Regeln / Sind die Erwartungen zu hoch angesetzt?, Finanz und Wirtschaft, 10.03.2004, S. 36: AUSLAND
aus Bank und Markt 03 vom 01.03.2004 Seite 012

(7) Moor, M./ Meier, P. / Bretscher, M., Grosse Funds of hedge funds rentieren besser als kleine / Alternative zu Aktien / Beteiligungsgesellschaften erreichen die grössten Fondsvermögen / Viele

Anlagefonds sind zu klein, Finanz und Wirtschaft, 31.03.2004, S. 26: HEDGE FUNDS
aus Bank und Markt 03 vom 01.03.2004 Seite 012

(8) Moor, M., Investierbare Hedge-fund-Indizes sind nichts anderes als Funds of funds, Finanz und Wirtschaft, 07.04.2004, S. 28: FONDS
aus Bank und Markt 03 vom 01.03.2004 Seite 012

(9) Neu am Markt Jeden Monat emittieren Fondsgesellschaften neue Produkte. Ihre Chancen, ihre Risiken.
aus Capital vom 01.04.2004, Seite 161

(10) Freigeister der Fondsbrache HEDGEFONDSZERTIFIKATE / In den drei Jahren, seit denen es Hedgefondszertifikate gibt, flossen rund zwölf Milliarden Euro in diese Papiere. Vor allem bei Privatanlegern sind die Zertifikate besonders beliebt.
aus Börse Online vom 19.02.2004, Seite 68

(11) Schneider, F. / Benz, A., Die Angst vor Hedge funds ist nicht begründet / Gut schlafen dank des Einsatzes von modernen Kapitalschutzkonzepten / Dynamische Absicherung für konservative Investments, Finanz und Wirtschaft, 07.04.2004, S. 28: FONDS
aus Börse Online vom 19.02.2004, Seite 68

Impressum

Hedge Fonds (Mai 2004)

Bibliografische Information der deutschen Nationalbibliothek

Die Deutsche Nationalbibliothek verzeichnet diese Publikation in der deutschen Nationalbibliografie; detaillierte bibliografische Daten sind im Internet über http://dnb.d-nb.de abrufbar.

ISBN: 978-3-7379-0427-8

© 2015 GBI-Genios Deutsche Wirtschaftsdatenbank GmbH, Freischützstraße 96, 81927 München, www.genios.de

Alle Rechte vorbehalten. Dieses Werk ist einschließlich aller seiner Teile – z.B. Texte, Tabellen und Grafiken - urheberrechtlich geschützt. Jede Verwertung außerhalb der Grenzen des Urheberrechtsgesetzes bedarf der vorherigen Zustimmung des Verlags. Dies gilt insbesondere auch für auszugsweise Nachdrucke, fotomechanische Vervielfältigungen (Fotokopie/Mikroskopie), Übersetzungen, Auswertungen durch Datenbanken oder ähnliche Einrichtungen und die Einspeicherung und Verarbeitung in elektronischen Systemen.